Rügen

Barbara Baumann

Paradies in der Ostsee

BUSSECOLLECTION

Fotos, Text, Layout: Barbara Baumann, Magdeburg
Karte Seite 6: hadiko creativ media, Ostseebad Binz, www.hadiko.net
Druckvorstufe: L & L Fotosatz GmbH, Hiddenhausen
Druck und Verarbeitung in der Europäischen Gemeinschaft

ISBN 978-3-512-04024-5

Inhalt

Vorwort

Rügen – Kleinod inmitten der Ostsee –, einmal dort gewesen, kann man sich der unglaublichen Schönheit und Vielfalt Rügens kaum entziehen, man ist für immer verzaubert. Und das aus gutem Grund, denn nirgendwo sonst bietet sich so eine Fülle landschaftlicher Kostbarkeiten. Auf der einen Seite lockt die Weite der Ostsee mit kilometerlangen Sandstränden und die laut tosende Brandung der See. Andererseits hat die Insel neben der frischen Meeresbriese, die einem um die Nase weht, noch viel, viel mehr zu bieten. Der größte Reichtum Rügens ist die urwüchsige und unverwechselbare Natur auf etwa 926 km². Stark zerklüftete Küstenlinien und zahlreiche Küstengewässer (Bodden und Wieken) umgeben Inseln, Halbinseln und den zentralen Inselkern. Schmale Landzungen verstärken diese Gliederung und verleihen den einzelnen Regionen ihren ganz eigenen Reiz.
Beschauliche Dörfer und quirlige Seebäder sind durch uralte Baumalleen miteinander verbunden. Magisch angezogen wird man vom Kap Arkona, das sich steil aus der Ostsee erhebt. Höhepunkt der Insel sind aber ohne jeden Zweifel die spektakulären Kreidefelsen.
Schon seit zweihundert Jahren wird die Schönheit der Insel immer wieder besungen oder beschrieben, und die Bilder Caspar David Friedrichs haben Rügen zum Wallfahrtsort gemacht.
Begleiten Sie mich nun auf eine Rundreise vom äußersten Süden Rügens bis auf die Insel Ummanz, und von dort geht es über Bergen und Umgebung wieder zurück.
Lernen Sie die sonnenreichste Region Deutschlands von ihrer schönsten Seite kennen. Schroffe Küsten, Nationalparks, Feuersteingerölle, Großsteingräber, Backsteinkirchen, historische Baudenkmäler, stolze Ostseebäder und verträumte Bodddendörfer machen Rügen zu etwas ganz Besonderem. Dass man die Insel auch schmecken kann, beweist die Vielfalt regionaler Köstlichkeiten und die Gastfreundschaft der Insulaner.
Den Alltag und die Hektik einfach mal vergessen, wo...?, wenn nicht hier, auf diesem traumhaften Fleckchen Erde und das zu jeder Jahreszeit.

Barbara Baumann

Insel Rügen

Fläche: 926 Quadratkilometer
Küste: 574 km
Nord-Süd-Ausdehnung: 51,4 km
West-Ost-Ausdehnung: 42,8 km
Höchster Berg: Piekberg auf Jasmund 161m

Hansestadt Stralsund
... das Tor zur Insel

Wenn wir nach 4,5 Stunden Anreise endlich Stralsund erreicht haben und der 128 Meter hohe filigran wirkende Pylon Deutschlands größter Schrägseilbrücke in Sichtweite ist, dann beginnt der eigentliche Urlaub. Seit Oktober 2007 verbindet die Megabrücke die Hansestadt Stralsund mit dem kleinen Rügenort Altefähr. Ist die Hälfte der Brücke passiert, heißt uns die charmant zu Füßen liegende Insel Rügen herzlich willkommen. Nutzt man für die Überfahrt den in die Jahre gekommenen Rügendamm, so kann man das architektonische Meisterwerk von unten bewundern.

Die Fährverbindung von Stahlbrode (15 km östlich von Stralsund) nach Glewitz auf der Halbinsel Zudar bietet eine weitere Möglichkeit, die Insel zu erreichen.

Nachdem wir den Strelasund überquert und die Insel erreicht haben, biegen wir von der stark befahrenen B96 in Richtung Garz ab. Unser erstes Ziel Groß Schoritz liegt am Eingang der ca. 18 km² großen Halbinsel Zudar im äußersten Südosten.

Groß Schoritz
Geburtshaus Ernst Moritz Arndt

Der kleine Ort im südlichen Teil der Insel Rügen, verdankt dem Universitätsprofessor, Schriftsteller und Publizisten Ernst Moritz Arndt, der am 26. Dezember 1769 als Sohn eines freigelassenen Leibeigenen in Groß Schoritz geboren wurde, seine Popularität.

Verdient gemacht hat sich Arndt, in dem er sich vor allem für die Aufhebung der Leibeigenschaft einsetzte.

Der deutsche Freiheitsdichter verstarb fast ein Jahrhundert später, am 29. Januar 1860 in Bonn. Seine geliebte Heimatinsel Rügen hat er aber nie vergessen.

Nach aufwendigen Restaurierungsarbeiten durch die Arndt-Gesellschaft strahlt das Gutshaus wieder im ursprünglich weißen Farbton. Der angrenzende Park lädt zu jeder Jahreszeit zum Spaziergang ein.

Grabow auf der Halbinsel Zudar

Von Groß Schoriz bis nach Grabow ist es nur ein Katzensprung. Wer abseits der großen Küstenorte Ruhe und Erholung sucht, wird am Ufer des Greifswalder Boddens fündig. Auf der urig gelegenen Halbinsel Zudar gibt es traumhafte Strände. Das Dörfchen Grabow liegt etwas abseits zwischen Palmer Ort und Gelbem Ufer. Von Maltzien Richtung Bodden folgend gelangt man auf einem ca. 3,5 km langen Betonplattenweg vorbei an einem einsamen Gehöft zu einer kleinen Badestelle. Es erweckt ein wenig den Anschein man fährt ans Ende der Welt.

Der naturbelassene Strandabschnitt im Südosten der Insel Rügen ist ein Naturkleinod für all jene, die unberührte Landschaft den überfüllten Ostseestränden vorziehen.

Hier findet man eine artenreiche Vogelwelt. Im Frühjahr brütet am Gelben Ufer die kleinste Schwalbenart Europas, die Uferschwalbe. Mit ihren verhältnismäßig langen, flachen Schnäbeln und zarten Krallen haben die Tiere die weiche Steilwand durchlöchert.

Der Strandabschnitt ist sehr steinig, deshalb ist festes Schuhwerk gefragt. Es lohnt sich aber, mindestens einmal in Grabow vorbeizuschauen, und mit etwas Glück findet man am Strand Hühnergötter oder Donnerkeile.

Insel der Alleen

Eine Fahrt entlang der bezaubernden Alleenstraßen sollte man sich auf keinen Fall entgehen lassen. Es ist immer ein Erlebnis durch das kilometerlange, tunnelartige Laubdach zu fahren, das die hundert Jahre alten knorrigen Bäumen bilden.
Im 19. Jahrhundert diente die Bepflanzung als Schutz und zur besseren Orientierung für Reisende, heute stehen der Erhalt und die Pflege der Baumveteranen im Vordergrund.
Im Frühjahr erstrahlen die gelben Rapsfelder, im Sommer wandelt man durch saftiges Grün und im Herbst beeindruckt das goldgelbe Laubwerk. Ein Kulturerbe, das auch in der heutigen Zeit nichts von seinem Reiz verloren hat. Charakteristisch für die Alleen sind die schmalen, kurvenreichen Fahrbahnen und die problematischen Lichtverhältnisse, deshalb ist es wichtig aus Sicherheitsgründen mit Licht zu fahren.
Raser sind hier fehl am Platz, denn die Durchschnittsgeschwindigkeit liegt bei etwa 70 km/h. Die ca. 2500 km lange Deutsche Alleenstraße durchquert neun Bundesländer und verläuft von der Ostsee bis zum Bodensee.

Im Mai präsentiert sich Rügen in einer einzigartigen Farbenpracht. Knallig gelbe Felder, blauer Himmel, grüne Wälder und die tiefblauen Gewässer leuchten auf der Insel so weit das Auge reicht.

Rund um den rechteckigen Markt

Putbus - die „Weiße Stadt" charmant und ungewöhnlich

Direkt an der Deutschen Alleenstraße im Süden der Insel liegt Putbus. Wer das einstige Residenzstädtchen des Fürsten Wilhelm Malte zu Putbus besucht, landet in der Regel am kreisrunden Circus. Ein Rondell, in dessen Mitte ein beeindruckender Obelisk steht, der ausnahmslos von 15 weißen klassizistischen Gebäuden gesäumt wird.
Das vor etwa 200 Jahren vom Fürsten zu Putbus gegründete südrügensche Städtchen ist mit seinen weißen Häusern, dem einzigen Theater auf der Insel, dem Schlosspark und dem Hirschgarten ein Ort mit ganz besonderem Flair. Vor den Türen der Häusern blühen noch heute die damals vom Fürsten zu Putbus verordneten Rosen.
Das barocke Schloss des Fürstenhauses wurde in den 60er Jahren sinnlos gesprengt und dem Erdboden gleich gemacht. Heute ist der Park Landschaftsdenkmal, mit vielen Besonderheiten wie Riesen-Mammutbäume und Zedern. Romantische Wege führen uns zur Orangerie, zur Schlosskirche und zum Marstall.
Eine weitere Sehenswürdigkeit in Putbus, die man nicht verpassen sollte, ist der rechteckige Marktplatz, an dem sich das prächtige Theater befindet. Im Frühjahr findet im Theater das alljährliche Putbus-Festival mit zahlreichen Konzerten und Aufführungen statt.

Antikes Theater

Putbus – eine Stadt mit italienischem Flair

Eingangstor zur Orangerie

Das Tor zum Mönchgut

Die Alleenstraße führt uns nach Sellin, und von dort geht es weiter auf die Halbinsel Mönchgut. Seit 2002 wird man in Baabe, anlässlich des Jubiläums 750 Jahre Mönchgut von den vier Figuren auf dem großen hölzernen Tor begrüßt: Fischerpaar in traditioneller Tracht, Fürst Jaromar und der Abt des Klosters Eldena.

Genau an der Stelle schlängelte sich einst der Mönchgraben durch die Wiesen und markierte die geografische Grenze zwischen dem Hauptteil Rügens, dem so genannten Mutterland, und dem südlichsten Zipfel der Insel. Die Halbinsel Mönchgut – Gut der Mönche – gehörte von 1252 bis zur Reformation zum Kloster Eldena bei Greifswald.

Der Landstrich war in der Geschichte nicht gerade von Wohlstand geprägt. Die Mönchguter Fischbauern lebten in der Hauptsache vom Fischfang, doch das allein reichte nicht aus, und einige Fischer haben die so genannte Bauernfischerei betrieben. Eine Kombination aus Landwirtschaft und Fischfang, die vielen Familien die Lebensgrundlage sicherte. Das Mönchgut ist eine der landschaftlich reizvollsten Gegenden Rügens.

Schmale Landzungen, tief einschneidende Buchten, sanfte Höhenzüge, schroffe Küsten, weiße Sandstrände und reizende Fischerdörfer auf rund 30 Quadratkilometern zwischen Ostsee und Bodden machen diesen Landstrich zu einem einzigartigen Erlebnis.

P
200m

Ostseebad Baabe, klein aber fein

Das ehemalige Fischerdorf zwischen Selliner See und Baaber Heide ist das kleinste der traditionellen Ostseebäder im Südosten der Insel Rügen. Dafür geht es hier etwas beschaulicher zu als bei den bekannteren Nachbarn Göhren und Sellin. Auf der B196 rauscht man auf dem Weg nach Göhren viel zu oft an dem kleinen Seebad vorbei. Bietet doch Baabe ideale Voraussetzungen für Wanderungen. Von hier aus erschließt sich mit dem Fahrrad, der Kleinbahn oder mit dem Auto das Mönchgut und die gesamte Insel.
Kennzeichen Baabes ist die doppelspurige Strandstraße, die breiteste Prachtallee Rügens, unter deren Laubdach es sich gemütlich bummeln lässt. Links und rechts laden Restaurants und Cafés zum Verweilen ein. Fleisch- und Fischgerichte, selbstgebackener Kuchen, Eis, oder Fischbrötchen, hier kann man nach Herzenslust schlemmen.
Am Ende der Straße trifft man auf den vielleicht schönsten Strand der Insel, Hauptattraktion des Ostseebades Baabe. Der breite, feinsandige Strand ist das pure Urlaubsvergnügen und bietet jede Menge Abwechslung. Kilometerlang kann man in beide Richtungen laufen, Seeluft tanken, dem Meer lauschen, Fischern bei der Arbeit zuschauen, Möwen beobachten oder einfach ins kühle Nass eintauchen.

Evangelische Kirche in Baabe, beeindruckend und schlicht, entworfen von dem Berliner Architekten Erhard Schmidt.

Gib einem Menschen einen Fisch – er hat einen Tag zu essen.
Gib einem Menschen viele Fische – er hat viele Tage zu essen.
Lehre ihn zu fischen – und er wird nie verhungern.

(Chinesisches Sprichwort, auf der Website eines Rügener Fischers entdeckt)

Die Fischerei auf der Insel kann auf eine lange Tradition zurück blicken. Über mehrere hundert Jahre war der Fischfang Haupterwerbsquelle der Einwohner. Hering und Scholle aus der Ostsee, Hecht und Zander aus dem Bodden bildeten die Nahrungsgrundlage der Insulaner. Heute wird der frische Fang, je nach Kundenwunsch an Bord geschlachtet, küchenfertig verarbeitet und in Restaurants serviert oder landet als Backfisch im Brötchen.

BAA 31
BAA34
BAA-20

BAA28

Zur Strandallee
Zur Strandallee

Rügen – eine Insel mit Geschmack

Seeluft macht bekanntlich hungrig und nirgends schmeckt der Fisch so lecker wie an der Küste. Nah am Ostseestrand, im Herzen Baabes gelegen, befindet sich das Hotel und Restaurant „Zur Strandallee“ – ein schönes Haus im Bäderstil.
Die Küche des Hauses verwöhnt ihre Gäste mit kulinarischen Spezialitäten aus Mecklenburg-Vorpommern und Rügen, die natürlich frisch zubereitet werden.
Bei schönem Wetter steht die Gartenterrasse vor dem Restaurant zur Verfügung, und man kann die Gaumenfreuden mit Blick auf die Flaniermeile genießen. Empfehlenswert ist der Besuch der gemütlichen Kellerbar „Unter Deck“.

Heute zieht es uns zum so genannten Baaber Bollwerk, das sich etwas außerhalb des alten Dorfkerns von Baabe befindet. Von hier aus startet die wohl kleinste Fähre der Welt. Wenn der Fährmann auf der anderen Seite ist, ruft man einfach „Fährmann hol över", und die Dinge nehmen ihren Lauf. Für ein Taschengeld rudert der Fährmann den Kahn an das andere Ufer direkt zur Treppe der Moritzburg. Ein steiler Treppenpfad führt zum hoch über der Having liegenden Ausflugslokal „Moritzburg", rings umgeben von schattigen Bäumen und einem fantastischen Panoramablick über die Having, das Reddevitzer Höft und den Selliner See.
Das kleine idyllische Dorf Moritzdorf bietet überwiegend rohrgedeckte Fischerhäuschen, die liebevoll renoviert worden sind.

Ostseebad Göhren
Bade- und Erlebnisparadies mit zwei Stränden

Eine romantische Reise nach Göhren erlebt man mit dem „Rasenden Roland". Die Promeniermeile, der Sandstrand und die Strandpromenade sind vom Kleinbahnhof binnen kurzer Zeit zu erreichen.

Das charmante Ostseebad liegt inmitten des Biosphärenreservates Südost-Rügen und ist der größte Ort auf der Halbinsel Mönchgut.

Mit der Inbetriebnahme der Kleinbahn entwickelte sich der Tourismus und Göhren wurde zum Urlaubsdomizil. Berühmte Persönlichkeiten wie Albert Schweitzer, Gerhart Hauptmann, Hans Albers, Heinz Rühmann und viele andere Prominente haben hier ihre Ferien verbracht.

Ursprünglich war Göhren ein Fischer-, Bauern- und Lotsendorf, doch heute ist davon nicht mehr viel zu sehen. Bei einem Spaziergang durch die neu gestaltete Strandstraße trifft man auf attraktive Villen mit kleinen Läden, vielfältiger Gastronomie und modernen Unterkünften. Etwas abseits befinden sich noch einige Fischerhütten am Strand.

Göhren verfügt gleich über zwei feinsandige, kilometerlange Strände, die durch das 60 Meter hohe steile Kliff am Nordperd voneinander getrennt werden. Während der Nordstrand breit und feinsandig ist, findet man am Südstrand mehr Steilküste, Steine und Strandgut.

Über die Besiedlungsgeschichte des Mönchgutes, die Lebensweise der einheimischen Bevölkerung und die Entwicklung Göhrens vom einstigen kleinen Fischer- und Bauerndorf zum Ostsseebad berichten die vier Mönchguter Museen: das Heimatmuseum, das Freilichtmuseum Museumshof, das Rookhus und das Museumsschiff Luise.

Der Mönchguter Museumshof steht der Öffentlichkeit seit 1971 als Freilichtmuseum zur Verfügung. Er ist der älteste und größte Museumshof auf Rügen.

Blick auf Alt Reddevitz

Aussicht vom Schafberg an einem frühen Oktobermorgen. Wiesen, Heide- und Boddenlandschaft haben sich in einen leichten Dunstschleier gehüllt.

Naturschutzgebiet Schafberg bei Mariendorf

Von Göhren kommend biegen wir nach wenigen Kilometern von der B196 nach links auf die L292 ab. Eine von Alleebäumen gesäumte, serpentinenartige Straße schlängelt sich durch das grüne Tunneldach hinauf ins südliche Mönchgut.

In Middelhagen biegen wir die erste Straße rechts nach Alt Reddevitz ab. Der etwa 34 m hohe Schafberg bei Mariendorf ist nicht zu übersehen.

Am Fuße des Schafberges gibt es die Möglichkeit das Auto abzustellen. Nach einem kurzen Fußmarsch erreicht man die Hochlage an der Südküste des Göhren-Reddevitzer Inselkerns.

Der Ausblick vom Schafberg auf die reizvolle Landschaft und Umgebung ist bemerkenswert.

Alt Reddevitz ... Idyll zwischen
Himmel und Bodden

Von Mariendorf geht es in das beschauliche Fischerdörfchen Alt Reddevitz, das am Anfang der Halbinsel liegt.
Bekannt ist Alt Reddevitz, ein Ortsteil von Middelhagen, vor allem durch seine Reihenhaussiedlung, die als älteste Rügens gilt.
Für Naturliebhaber erscheint Alt Reddevitz, an der Hagenschen Wiek gelegen, wie ein Bilderbuchort. Der Bodden, die Fischerkähne, Reusen und alte Bootsschuppen machen die Idylle perfekt.
Dem Alt Reddevitzer Küster und Dorfschullehrer Fritz Worm ist es zu verdanken, dass die Mönchguter Trachten, Volksfeste und die plattdeutsche Sprache heute noch von großer Bedeutung sind.
Im romantischen Örtchen befinden sich wunderbare Restaurants. Hier stehen regionale Produkte an erster Stelle, und wann schmeckt der Fisch besser, als frisch aus dem Bodden geangelt.
Im Sommer lädt der Naturstrand von Alt Reddevitz zu einem Erfrischungsbad ein. Beidseitig von Wasser umgeben erstreckt sich die schmale Halbinsel bis in den Greifswalder Bodden.

ANTIGUA

Restaurant mit Seeterrasse

Das Restaurant „Am Wasser" liegt direkt an der Bucht der Hagenschen Wiek, mit großer Außenterrasse und traumhaften Blick auf das Achterwasser und Port Gager. Man sitzt an einem der schönsten Flecken, unmittelbar am Bodden und genießt den fantastischen Panorama-Blick.
Eine Schiefertafel im Eingangsbereich verrät die Tagesgerichte. Auf der Speisekarte entdecke ich außerdem Fisch- und Grillgerichte sowie frische Pasta. Ich habe mich für Zanderfilet im Speckmantel entschieden, einfach köstlich!

Reddevitzer Höft – Ein Naturerlebnis der besonderen Art

In Alt Reddevitz dem Kreisverkehr folgen, dann die erste Ausfahrt rechts nehmen und am Ende der Straße links abbiegen.
Von dort führt ein ca. 4 km langer Betonplattenweg Richtung Höft. Etwas außerhalb, unterhalb der Strandburg, besteht die Möglichkeit das Auto abzustellen. Nach etwa 3,5 km Fußmarsch längs der Hagenschen Wiek, mit Sicht auf die Zickerschen Berge und rechts auf die Having, gelangt man schließlich zum südlichsten Punkt der Landzunge, dem Reddevitzer Höft.
Eine Halbinsel wie diese, über vier Kilometer lang und dabei nur wenige hundert Meter breit, das gibt es sicher nicht noch mal.
Weit ab vom Schuss lädt uns eine Wetterschutzhütte zur kurzen Rast ein. Unmittelbar neben der Schutzhütte führt eine Holztreppe zum Strand. Der Abstieg lohnt sich, und die fünf bis zehn Meter hohen Kliffs einmal aus der Nähe zu betrachten, ist schon fantastisch.

Mönchguter Hofbrennerei „Zur Strandburg“
anschauen und erleben

Auf dem Rückweg besuchen wir die Strandburg, ein bemerkenswertes, leuchtend gelbes Haus, umgeben von satten Wiesen und tiefblauen Gewässern. Das etwa 100 Jahre alte Anwesen beherbergt nach umfangreichen Sanierungsarbeiten die „Mönchguter Hofbrennerei Zur Strandburg“. Aus der Schnapsidee von Brennerei-Inhaber Thomas Kliesow wurde Realität. Seit 2006 stellt die Hofbrennerei allerlei Hochprozentiges, und seit 2007 sogar Whisky her. Außerdem beherbergt die Strandburg einen urigen Hofladen und eine kleine Gastronomie, in der drei Generationen werkeln. Vom Frühjahr bis zum Herbst werden selbstgebackener Kuchen und Brot angeboten.
Bei einer Betriebsführung hat man die Möglichkeit, dem Brennmeister bei der Herstellung edler Tropfen über die Schulter zu schauen. Absolutes Highlight ist „POMMERSCHER GREIF“, ein Blend-Whisky aus Single Malt & Grain, der traditionell in amerikanischen Weißeichenfässern gelagert wird. 2011 kam der erste Whisky auf den Markt.
Im Angebot sind außerdem Obstbrände, Liköre, Säfte und verschiedene Fruchtaufstriche. Alle Produkte sind eigene Erzeugnisse, die noch in Handarbeit und mit viel Herzblut hergestellt werden. Für die Verkostung sollte man sich ein wenig Zeit nehmen, denn die Palette ist umfangreich und die Auswahl schwierig. Obwohl ich sonst keinen Whisky trinke, musste ich den „Pommerschen Greif“ unbedingt probieren. Ich war angenehm überrascht, mild im Geschmack, mit einer leichten Vanillenote.

ARNOLD HOLSTEIN
MARKDORF/BODENSEE

Mönchguter
No 2
WHISKY
POMMERSCHER
GREIF
SINGLE MALT & GRAIN
LITER
0.7
43%

MÖNCHGUTER HOFBRENN
"ZUR STRANDBURG"

sthof „Klie sow's Reuse"
Zeit für Kaffee und Kuchen
Bienenstich
Schmalzbrot

Ein gemütliches Restaurant in einem der letzten intakten reetgedeckten Höfe dieser Gegend. Der 420 Jahre alte ehemalige Bauerhof, zuletzt von der Familie Looks bewirtschaftet, ist ein noch originalgetreuer Dreiseitenhof mit Wohnhaus, Stall und Scheune sowie Wiese und Gartenland. 1991 wurde mit dem Bau eines Restaurants in der alten Scheune begonnen, nachdem die Landwirtschaft für die Familien Looks und Kliesow als Broterwerb nicht mehr infrage kam. Nach einer kurzen Bauzeit eröffnete noch im selben Jahr das Scheunen-Restaurant Kliesow's Reuse.
Seit 2007 betreiben Jörg und Ute Karle das urige Restaurant. Je nach Saison und Jahreszeit kommen bodenständige, regionale Fisch- und Fleischgerichte sowie Gemüse und knackige Salate aus dem hauseigenen Garten, frisch zubereitet und liebevoll angerichtet auf den Teller.

Gasthof „Zur Linde"

Kleine Räucherei E. Besch

Niederdeutsches Hallenhaus aus dem 17. Jahrhundert

Schulmuseum

Middelhagen – ein Ort zum Verweilen

Von Alt Reddevitz geht es zurück nach Middelhagen. Am Ortseingang begrüßen uns die „Vier Bürgermeister". So bezeichnen die Einheimischen liebevoll ihre Holzfiguren. Middelhagen wurde urkundlich 1250 erstmals erwähnt.Vor etwa 700 Jahren wurde das Örtchen Hagen von den Zisterziensermönchen des Klosters Eldena bei Greifswald auf fruchtbarem Ackerland angelegt.

In dieser Zeit entstanden die ersten Backsteinkirchen und -häuser. Das ruhige Fischerdorf besitzt einen sehr gut erhalten historischen Ortskern, bestehend aus Kirche, Hallenhaus, Gasthof und Schulhaus. Alle attraktiven Sehenswürdigkeiten sind rund um den winzigen Dorfkern verteilt. Mit viel Liebe ist man bemüht, in Middelhagen die Ursprünglichkeit des Dorfes zu erhalten.

Das Restaurant „Zur Linde", einst Domizil der Mönche, die vor über 500 Jahren den Gasthof erbauen ließen, zählt nicht nur zu den ältesten Gebäuden im Ort, sondern ist auch der älteste Gasthof auf der Insel Rügen.

Lust auf eine Schulstunde?

Die ehemalige Dorfschule, ist heute ein mit viel Liebe eingerichtetes Schulmuseum.Wer Lust hat, kann sich während der Saison in die engen Schulbänke quetschen und an einer Unterrichtsstunde mit Schiefertafel und Kreide teilnehmen. Man wird sogar mit einem Zeugnis belohnt.

Das Küsterhaus in Middelhagen wurde 1825 erbaut. Etwa 150 Jahre lang wurden die Dorfkinder in der Einklassenschule unterrichtet. Neben dem Unterrichtsraum kann man die gute Stube, das Schlafzimmer, den Amtsraum und die große Küche des Kantors und Dorfschullehrers besichtigen.

Die gute Stube

Küche des Dorfschullehrers

St. Katharina zu Middelhagen

Die Backsteinkirche, deren Fundament aus Findlingsblöcken besteht, wurde im Jahr 1455 im gotischen Stil errichtet.
Den hölzernen Glockenturm erhielt die Kirche um 1610. Zu Zeiten der Zisterziensermönche wurden viele Kirchen turmlos gebaut.

Katharinenaltar, um 1480

Leider ist nirgendwo nachzulesen,
wo seine ursprüngliche Heimat gewesen.
Doch vermutet man heute mit guten Gründen,
er war wohl ursprünglich in Stralsund zu finden,
denn Mönchgut war damals als Unterpfand
der Stadt Stralsund gegeben
aus schwedischer Hand.

(Quelle: Kirchenfaltblatt)

Grüneberg-Orgel, 1862

Laut Überlieferung spielte sogar Albert Schweitzer einmal an der Orgel.

Die Brigg „Perth", 1842

Nun, am Nordperth haben Tag und Nacht
Lotsen die Küste überwacht,
um Schiffer und Schiff vor Unheil zu bewahren
und sicher nach Stralsund oder Greifswald zu fahren.
Um die Erinnerung daran zu wahren, haben acht
Lotsen vor 150 Jahren
dieses Schiff der Kirche geschenkt.
Sie sind es wohl wert, dass man ihrer gedenkt.

(Quelle: Kirchenfaltblatt)

Töpferei und Galerie

Traditionelles Handwerk findet man in Middelhagen im kunstvoll gestalteten Fachwerkhaus, in dem sich die urige Töpferwerkstatt des Künstlers Thom Wilcke befindet. Vor der Werkstatt steht ein kleiner Baum, der wahrscheinlich keine Blätter mehr trägt, dafür aber mit vielen weiß-blauen Krügen und Kerzenhaltern geschmückt ist.
Wir hatten Glück, die Tür zum Laden wurde gerade geöffnet. Nun konnten wir uns in aller Ruhe in der Galerie umschauen. Ein breites Spektrum an Gebrauchs- und Zierkeramik, Bauernkeramik, Krüge, Kerzenleuchter, aber auch Glas- und Holzkunstwerke gibt es in den Ausstellungsräumen zu bestaunen und erwerben. Jedes einzelne Stück individuell und liebevoll gefertigt, haben die Kunstwerke Unikatcharakter.
Die Töpferwerkstatt des Künstlers zeugt davon, dass hier mit viel Freude, Inspiration und Können faszinierende Werke unterschiedlichster Formen und Farben entstehen. Außerdem hat man die Möglichkeit, Thom Wilcke über die Schulter zu schauen, wenn er sein Handwerk präsentiert. Angetan war ich unter anderem von der wundervollen Uhrensammlung des Künstlers.

Werkstatt des Künstlers

Wenige Kilometer von Middelhagen entfernt auf der nach Lobbe führenden Landstraße lohnt sich ein Zwischenstopp für alle Technikfans. Das markante technische Denkmal, im Volksmund „Wassermühle" genannt, wurde etwa 1920 erbaut und diente zur Entwässerung von vorwiegend landwirtschaftlich genutzten Flächen.
1955 wurde das Windschöpfwerk Lobbe außer Betrieb genommen. 1987/88 rekonstruierte das damalige VEB Meliorationskombinat Rostock das Windschöpfwerk. 1997 erfolgte eine aufwendige Restaurierung für 326.400 DM.
Von den 33 zwischen 1900 und 1965 auf der Insel Rügen gebauten Windschöpfwerken, ist das in Lobbe das einzig erhalten gebliebene. Es ist heute noch betriebsfähig und entwässert große Flächen um Lobbe.

Technisches Denkmal Windschöpfwerk Lobbe

Weiter geht es auf der Landstraße Richtung Thiessow in das verträumte Dörfchen Groß Zicker. Neben der Backsteinkirche bietet der kleine Ort noch eine weitere Attraktion: Das Pfarrwitwenhaus, eines der ältesten noch erhaltenen Häuser auf Rügen und gleichzeitig eines der beliebtesten Fotomotive auf der Insel.
Schon vor etwa 300 Jahren gab es soziale Einrichtungen. Nach dem Ableben des Ehegatten erhielten die mittellosen Pfarrerswitwen in dem 1720 erbauten niederdeutschen Hallenhaus Unterkunft und alles Lebensnotwendige.
Auffällig an diesem Haus sind das spitze Rohrdach „der Zuckerhut“ und die alte Ständerbauweise. Bis 1984 war das Hallenhaus noch bewohnt, heute wird es als Museum und Galerie genutzt.

Strandtour Baabe – Ostseebad Sellin

Der heutige Tag ist autofrei. Alle Sehenswürdigkeiten, die auf dem Programm stehen, kann man ganz bequem zu Fuß erreichen. Der breite Sandstrand von Baabe lädt förmlich zu einer Wanderung in das Ostseebad Sellin ein. In Sellin erwartet uns die prachtvolle Seebrücke, umgeben von einer breitsandigen Bucht mit bewaldeter Steilküste. Einen traumhaften Ausblick auf die Ostseeküste hat man vom Hochufer aus. Hier bieten sich zahlreiche Fotomotive.

Die längste Seebrücke der Insel

Eines der schönsten Wahrzeichen Rügens ist zweifelsohne die prachtvolle Seebrücke des Ostseebades Sellin, die bereits im Jahr 1906 zur schönsten Blütezeit der imposanten Bäderarchitektur entstand.
Nach der völligen Zerstörung durch Stürme und starken Eisgang sowie Abriss im Jahr 1978, wurde die knapp 400 Meter lange Seebrücke mit dem Brückenhaus nach historischen Vorbildern von 1906 und 1925 in sechsjähriger Bauzeit wieder aufgebaut und 1998 feierlich wieder eröffnet.
Seitdem erstrahlt die Seebrücke in voller Schönheit, und die Selliner erhielten ihre Hauptattraktion zurück. Sie ist in ihrer Art einmalig und die stilvollste in Deutschland. Im Brückenhaus befinden sich heute elegante Restaurants und ein großer Saal, der vor allem für Feierlichkeiten genutzt wird.
Sowohl im Restaurant „Kaiser-Pavillon“, das an die Zwanziger Jahre erinnert, als auch im stimmungsvollen „PalmenGarten“ kann man das maritime Ambiente der Ostseeküste genießen.
Von der Brücke starten Ausflugsschiffe verschiedener Reedereien. Außerdem hat man die Möglichkeit mit einer Gondel in die Unterwasserwelt der Ostsee zu tauchen.
Über die so genannte „Himmelsleiter“, eine Holztreppe mit 87 Stufen, gelangt man von der Seebrücke direkt zur Selliner Wilhelmstraße. Oder man nimmt den Fahrstuhl.

PalmenGarten

avillon
Herzlich

SCHLAG SAHNE

Sellin – vom Fischerdorf zum zweitgrößten Ostseebad

Eingebettet in den Wald der Granitz liegt Sellin zwischen den Ufern der Ostsee und des Selliner Sees im Südosten der Insel. Der traditionsreiche Badeort war noch zu Beginn des 19. Jahrhunderts ein kleines Fischerdorf.
Mit dem Bau der Kleinbahn 1895 und des ersten Hotels 1896 begann die touristische Entwicklung. Mittelpunkt des Ortes ist eine der wohl schönsten Straßen an der deutschen Ostseeküste, die denkmalgeschützte Wilhelmstraße. Eine prachtvolle Lindenallee, gesäumt von weißen Gründerzeitvillen, die auf Veranlassung des Fürsten zu Putbus 1896 angelegt wurde und heute wieder dessen Namen trägt. Restaurants, Cafes und kleine Geschäfte laden zum Bummeln und Verweilen ein.

Mondän, chic und schön, so präsentieren sich Hotels und Pensionen in Sellin.
In der Gründerzeit entstanden viele repräsentative Jugendstilvillen, eine Besonderheit, die der Insel Rügen zu ihrem speziellen Charme verhalf.
Typisch für die Gebäude der damaligen Zeit und sehr eindrucksvoll sind die zahlreichen filigranen Veranden, Loggien, die offenen Balkone, Erker, Türmchen und Freitreppen an den Hausfassaden.
Die meisten der Gründerzeitvillen sind nach der Wende behutsam und liebevoll restauriert worden.

Nostalgisches Ambiente im Kleinbahnhof

Ein Tipp nicht nur für Eisenbahnfans. Direkt neben dem Bahnsteig des „Rasenden Rolands“ an der B196 befindet sich das Restaurant „Kleinbahnhof“.
Im Reisesalonwagon der 1. Klasse sitzt man gemütlich zwischen Glaslampen und Wandmalereien. Hier wird kulinarische Hausmannskost aus Topf und Pfanne serviert.
Die 2. Klasse bittet zu Kaffee und Kuchen. Der Holzwagon der 3. Klasse ist ideal für Feierlichkeiten.
Bei schönem Wetter und Sonnenschein sitzt man auf der Terrasse, umgeben von der Natur und dem Selliner See.

Fahrkarten
Sellin Ost
WC

99 1781-6

Mit Wasserdampf durch eine reizvolle Landschaft

Der „Rasende Roland“, wie er liebevoll genannt wird, macht’s möglich. Seit 1895 fährt die dampflockbetriebene Schmalspureisenbahn auf 750 mm Spurweite mit gemütlichen 30 km/h Höchstgeschwindigkeit über die Insel Rügen und verbindet die bekannten Seebäder miteinander.
Die Kleinbahn fährt zwischen Putbus und Göhren über eine Strecke von knapp 25 Kilometern fleißig hin und her, und das ganz ohne Hast und Eile.
Für Eisenbahnliebhaber ist der Rasende Roland ein Zug voller Nostalgie und Romantik, und was gibt es Schöneres als die Landschaft im Südosten der Insel Rügen einfach mal auf Schienen zu erleben.

Großsteingrab Nr. 1 bei Lancken-Granitz

Zeugen der Stein- und Bronzezeit

Zwischen Sellin und Binz gelangt man über die B19 nach Lancken-Granitz, unweit des Jagdschlosses. Etwas außerhalb der Ortschaft trifft man auf ein großes Feld, auf dem sich sieben sehr gut erhaltene Großsteingräber befinden. Hier hat der Mensch über einen längeren Zeitraum seine Spuren hinterlassen. Die Grabmonumente zählen zu den eindrucksvollsten archäologischen Denkmälern auf Rügen.
Nach einem kurzen Fußweg erreicht man das größte der sieben Gräber, errichtet auf einem kleinen Hügel, umgeben von einer schützenden Baumgruppe. Folgt man dem Weg, so gelangt man nacheinander an die sechs restlichen Zeugnisse menschlicher Siedlung. Wie die riesigen Steine dorthin gekommen sind, ist bis heute nicht vollkommen aufgeklärt. Die Großsteingräber werden seit dem Mittelalter im Volksmund auch Hünengräber genannt. Der Sage nach können nur Hünen diese riesigen Steine dorthin transportiert haben.

Großsteingrab Sassnitz-Waldhalle 1

Rügens Neuschwanstein

Ein Besuchermagnet ist das märchenhaft anmutende Jagdschloss Granitz, das inmitten eines der größten zusammenhängenden Waldgebiete im Biosphärenreservat Südost-Rügen auf dem 107 m hohen Tempelberg thront.
Die Anfahrt mit dem PKW ist nicht gestattet. Zum Jagdschloss gelangt man bequem von Binz mit dem Jagdschlossexpress oder mit dem „Rasenden Roland“ bis zu den Haltestellen Garftitz bzw. Jagdschloss.
Wer mit dem PKW anreist, fährt am besten bis zum Parkplatz in Neu-Süllitz, von hier fährt die Jagdschlossbahn alle zehn Minuten zum Schloss, oder man geht zu Fuß durch den altehrwürdigen Granitz-Wald.
Das Jagdschloss ließ Fürst Malte I. nach den Plänen des Berliner Architekten Johann Gottfried Steinmeyer von 1837-1851 errichten. Der 38 m hohe Mittelturm entstand 1844, nach Entwürfen des Architekten Schinkel, wie viele andere Rügener Bauwerke auch. Der Turm überragt die Kuppe des Tempelberges und ist schon aus der Ferne sichtbar.
Highlight des Jagdschlosses Granitz ist die gusseiserne, freitragende Wendeltreppe, ein Werk der Berliner Eisengießerei Franz Anton Egells, die 1845 in das Turminnere eingebaut wurde. Der Aufstieg zur Plattform ist Schwindel erregend, zumal die Treppenstufen recht schmal sind und man außerdem noch durchschauen kann. Nach 154 Stufen auf der Wendeltreppe wird man mit einen spannenden Rundblick über die wunderschöne Insel Rügen belohnt.
Innerhalb des Jagdschlosses laden ansehnliche Räume zum Rundgang ein. In erster Linie diente das Schloss damals der standesgemäßen Unterbringung europäischer Adelsgäste und zeitweise als Wohnsitz der Fürstenfamilie. 1945 wurde das Jagdschloss enteignet. Ab 1983 erfolgte eine umfangreiche Instandsetzung und seit 2003 wird es von der Verwaltung der Staatlichen Schlösser und Gärten in Mecklenburg-Vorpommern betreut.

Von der Aussichtsterrasse des Jagdschlosses hat man einen grandiosen Rundblick über Südostrügen und das Mönchgut.

Binz – ein Ostseebad mit unwiderstehlichem Charme

Binz, ein Seebad von Welt, liegt an einer der schönsten Buchten – der Prorer Wiek. Im Westen ist der Ort dem Schmachter See zugewandt und im Süden von den Waldgebieten der Granitz begrenzt. Als 1860 die erstem Badegäste kamen, begann die Entwicklung des kleinen Fischerdorfes zum mondänen Badeort. 1893 entstand an der Strandpromenade das dreiflügelige schlossartige Kurhaus. Nachdem es 1906 einem Brand zum Opfer viel, wurde es wenige Zeit später im Originalstil wieder aufgebaut und nach der Wende komplett saniert. Seit 2001 befindet sich im palastartigen Kurhaus ein traditionsreiches Grandhotel.

Das Flair der Jahrhundertwende, strahlend weiße Gründerzeitvillen, verzaubern so manchen und macht den Aufenthalt im "Nizza des Ostens" zu einem unvergesslichen Erlebnis. Entlang der Strandpromenade und in den Nebenstraßen laden Cafes, Restaurants, Kunsthandwerk und kleine Boutiquen zum Flanieren und Verweilen ein. Im quirligen Binz ist immer etwas los, ganz besonders in den Sommermonaten. Wichtigste Attraktion ist der lange feine Sandstrand. Mit immerhin durchschnittlich 1872 Sonnenstunden kommen Sonnenhungrige hier ganz auf ihre Kosten.

Binzer Seebrücke

1902 wurde sie als erste Seebrücke Rügens mit fast 600 m Länge errichtet. Im Laufe der Zeit mehrfach durch Eistreiben und Sturmfluten beschädigt, wurde sie 1942 völlig zerstört. Nach 50 Jahren hat Binz heute wieder eine Seebrücke, die seit 1994 als zweitlängste Seebrücke der Insel stolze 370 Meter in die offene See hineinragt.
Die Brücke ist Ausgangspunkt für Schiffsausflüge zu den berühmten Kreidefelsen oder zu den benachbarten Seebädern der Insel.

Ein Ort, der keine Wünsche offen lässt

Toni Münstereicher

Strandhalle Binz

Wunderschön gelegen, nur wenige Schritte vom Meer entfernt befindet sich in einem 100jährigen Holzhaus die Strandhalle Binz. In warmer Atmosphäre speist man fein bürgerliche Küche. Das originelle Ambiente der großen Halle lädt zum Träumen ein.
Naturbelassenes Holz, warme Farben, antike Möbel, Landschaftsmalereien und dekorative Einzelstücke verleihen der Strandhalle einen ganz besonderen Touch. Das Besondere der Binzer Strandhalle sind natürlich die köstlichen Speisen, von der leckeren Birnen-Sellerie-Cremesuppe, dem Ostseedorsch unter der Kartoffelkruste auf Wittower Sahne-Kohl oder das echte Wiener Schnitzel. Frisch zubereitete Speisen, ausgefallene Garnierungen und der freundliche Service sorgen für zufriedene Gäste.

tonicum KERAMIK

Kunstmeile Binz

Galerie Robert Denier - Fotografien & Malerei
NARRENKERAMIK Kathrin Grünke
New Creations - Galerie für Kunst und Schmuck
tonicum Keramik - Annette Pomp und Lydia Budnick
Galerie Jahreszeiten - Karen Utermann
Espresso & Cocktail Bar
Galerie wellenKÜNST - Schönes von der Ostsee
Glasbläserei Binz (Ecke Schillerstraße)

In den letzten Jahren hat sich die Binzer Margaretenstraße zur Kunstmeile entwickelt. Stimmungsvolle Rügen-Fotografien, Malereien, Schmuck, ausgefallene Narrenkeramik, Glas, Keramik, Bilder und vieles mehr - das Angebot ist vielfältig.In den Galerien und Werkstätten besteht die Möglichkeit den Künstlern und Kunsthandwerkern bei ihrer Arbeit über die Schulter schauen.
Keramik wie Sand & Sonne, Wind & Wellen, handgefertigte Porzellanschmuck-Unikate, Keramik für den täglichen Gebrauch, und fantasievolle Einzelstücke für den Garten werden in der Werkstatt tonicum von Annette Pomp und Lydia Budnick in sorgfältiger und liebevoller Verarbeitung hergestellt. Die Arbeit an der Scheibe und der wunderbare Werkstoff Ton reizt die Künstlerin Annette Pomp jedes Mal aufs Neue, und dass sie ihre Begeisterung für diesen Werkstoff mit voller Leidenschaft lebt, sieht man links oben in der Abbildung.

KdF-Seebad Prora – Hitlers Größenwahn-Vermächtnis

Von Binz geht es direkt nach Prora. Hier erwartet uns die größte architektonische Hinterlassenschaft nationalsozialistischer Zeit – der Koloss von Prora – Hitlers Vision eines Erholungsgebietes für jedermann. Die etwa 4,5 km lange Anlage wurde von der NS-Organisation Kraft-durch-Freude (KdF) errichtet. 20.000 Urlauber sollten in 8 Bettenhäusern Unterkunft finden.

Grundsteinlegung war 1936 und mit Kriegsbeginn 1939 wurden die Bauarbeiten eingestellt. Das KdF-Seebad wurde nie vollendet oder als solches genutzt.

In den 50er Jahren begann die militärische Nutzung als Kasernen. Seit 1991 ist die Anlage der Öffentlichkeit zugänglich, steht heute unter Denkmalsschutz und wird jährlich von Hunderttausenden besucht.

Im Block 5 wurde die längste Jugendherberge der Welt errichtet. Ostseeurlaub an einem der schönsten Strände Rügens und das zum Schnäppchenpreis, inklusive Meerblick und NS-Geschichte.

Eindrucksvolle Kulisse und herrlicher Strand

Von Prora sind es nur wenige Kilometer bis zum südlichen Ortsausgang von Neu Mukran. Auf dem kostenpflichtigen Parkplatz stellen wir unser Auto ab. Vom Parkplatz starten wir unsere rund 2,5 km gut ausgeschilderte Wanderung. Auf einem Waldweg geht es in das Gebiet der schmalen Heide.

Im Frühjahr entfaltet sich hier eine geschlossene Pflanzendecke, die es zu bestaunen gibt. Nach relativ kurzer Zeit erreicht man die Brücke über die Bahnstrecke, dann nach links und der Beschilderung weiter folgend gelangt man zur Lichtung der Feuersteinfelder. Hier erwartet uns eine für Europa ungewöhnliche und einzigartige Landschaft.

Die Feuersteinfelder, ein Naturphänomen, das auch als „Steinernes Meer“ bekannt ist, liegen zwischen dem Kiefernwald an der Ostseite und den kleinen Moorflächen des Jasmunder Boddens auf der Westseite. Auf einer Fläche von 40 Hektar verbirgt die schmale Heide ein Naturparadies.

14 mächtige Wälle von Feuersteinen mit einer Länge von rund 2000 m und einer Breite von 200 m wurden durch eine Reihe von Sturmfluten bei Jasmund hier angespült.

Einen wundervollen Kontrast zu den grauweißen Steinen bilden die dunkelgrünen baumhohen Wacholderbüsche. Auf den Feuersteinfeldern entwickelte sich ein Bewuchs aus Heidekraut, Wildrosen, Bergahorn und Schlehdorn.

Hafenstadt Sassnitz am Rande des Nationalparks Jasmund

Lang gestreckt liegt Sassnitz auf der Halbinsel Jasmund im Norden der Insel. Vor allem zieht es Freunde des maritimen Flairs in die Hafenstadt. Damals wie heute stellt Sassnitz einen bedeutenden Ort für die Schifffahrt dar, und wenn man schon einmal hier weilt, gehört der Besuch der Hafenmeile mit der 1450 Meter langen Mole und den Fischkuttern einfach dazu. Per Ausflugsdampfer kann man die Kreidefelsen oder die Seebäder Rügens erkunden.
Für den Feinschmecker gibt es an jeder Ecke verschiedene Variationen von Fisch, entweder direkt vom Kutter oder im Restaurant.

Bis 1989 bestimmten Fischfang, Fischverarbeitung, Kreideabbau und der Fährverkehr die Wirtschaft in Sassnitz. Heute sind es der Tourismus und der Fährhafen Sassnitz.
Nur wenig Meter vom Hafen entfernt liegt die Altstadt, eine Mischung aus liebevoll restaurierten, sanierungsbedürftigen alten und auch neuen Häusern.

Strandwanderung im Nationalpark Jasmund

Die Hafenstadt Sassnitz liegt direkt am Nationalpark Jasmund und ist idealer Ausgangspunkt für Wanderungen. Egal ob man die Buchenwälder der Stubbenkammer, das Waldgebiet über der Kreideküste oder das Meer hautnah erleben möchte, es gibt wohl kaum eine bessere Möglichkeit als das Naturschutzgebiet zu Fuß zu erkunden. Das Wetter ist schön, die Ostsee zeigt sich von ihrer besten Seite, also entscheiden wir uns für eine Strandwanderung unterhalb der Klippen. Auf dem unebenen Weg ist das jedoch recht beschwerlich und auch nicht ganz ungefährlich, brechen doch immer wieder große Teile der Kreidefelsen ab. Als Besucher sollte man sich der Gefahr bewusst sein, Warnschilder und Absperrungen beachten! Neben den imposant wirkenden weltberühmten Rügener Kreidefelsen verbirgt der Strand unzählige Zeitzeugen, die so genannten Feuersteine. Man bekommt sofort Lust, sich auf die Suche nach Hühnergöttern (Feuerstein mit einem Loch darin) zu begeben. Jeder Fund ist ein Unikat, und kein Stein gleicht dem anderen. Bis heute gilt der Feuestein als Talisman und Glücksbringer.

Wissower Klinken heute

Die bizarre Felsformation befindet sich etwa 3 km nördlich von Sassnitz. Mit dem Auto fährt man Richtung Stubbenkammer. Etwa 200 m hinter dem Parkplatz Nr. 5 biegt man rechts in die Einfahrt „Wissower Klinken" ab. Die Zufahrt, ein 3,2 km holpriger Wirtschaftsweg, führt bis zum Parkplatz in Höhe der Gaststätte „Waldhalle". Vom Parkplatz sind es nur noch wenige Meter bis zur Kreideküste.

Die Wissower Klinken dürften wohl das am meisten fotografierte Motiv der Jasmunder Kreideküste sein, und sie gehörten zu den markantesten Sehenswürdigkeiten der Insel Rügen. Seit dem 24. Februar 2005 sind die Wissower Klinken nicht mehr so wie sie waren. Die Natur holt sich immer wieder ein Teil der urzeitlichen Kreide zurück und so brachen den berühmten Wissower Klinken die Zacken ab. Die Kreidevorsprünge sind so stark geschrumpft, dass sie kaum noch an das unzählig fotografierte Postkartenmotiv erinnern.

Hotel Schloss Ranzow

Steilküstenörtchen Lohme

Das jahrhundertealte ehemalige Fischerdorf thront auf dem bis zu 70 m hohen urwüchsigen Steilufer der Nordküste Jasmunds. Seit 1855 Seebad, zog Lohme schon früh Maler, Schriftsteller und Dichter an. Die Nähe zu den weiten Wäldern der Stubnitz, dem Nationalpark und die Ruhe im Ort machen Lohme zum idealen Urlaubsquartier für Wanderer.
Zum kleinen Hafen/Jachthafen führt eine steile Treppe, die einzige Möglichkeit dorthin zu gelangen. Der Strand besteht fast nur aus Steinen, sodass man nur an wenigen Stellen Bademöglichkeiten hat.
Hoch im Nordosten der Insel, dort wo links die Ostsee an die berühmte Kreideküste brandet und rechts die sanfte Hügellandschaft den Buchenwald des Nationalparks Jasmund umarmt, leuchtet das Golfhotel „Schloss Ranzow" über dem alten Fischerdorf Lohme.

Lohme
Ranzow
Königsstuhl

Wir starten unsere 3,5 km Tour direkt in Lohme. Von dort aus folgen wir der Markierung mit dem blau-weißen Senkrechtstrich bis zum Abzweig Ranzow.
Weiter geht es über die alte Forst- und Jagdwegstraße bis zur Stubbenkammerstraße. Von dort bis zum Wahrzeichen der Insel Rügen ist es nur noch ein kurzes Stück.

Rügens Wahrzeichen

Der 118 m hohe Königsstuhl ist der berühmteste Kreidevorsprung der Stubbenkammer. Man tritt an der schmalsten Stelle über ein Hünengrab hinaus auf eine 200 Quadratmeter große Plattform, die sich seit 300 Jahren dort befindet.
Von hier aus hat man eine beeindruckende Aussicht auf die angrenzenden Felsformationen, einen weiten Blick auf das Meer und auf den steinernen Strand.
Die Kreidemassive haben bereits den Maler Caspar David Friedrich inspiriert, 1815 malte er die berühmten „Kreidefelsen auf Rügen“.
Vom Königsstuhl führt eine Holztreppe mit 412 Stufen zum Strand. Der Ab- und Aufstieg ist sehr mühsam.
Den Natureinflüssen des Meeres und der Witterung ausgesetzt verändert die Kreideküste immer wieder ihr Äußeres, sodass der Besuch des höchsten Kreidefelsens Rügens unverwechselbar bleibt.

Rügener Kreide – 67 Millionen Jahre alt

Kreideabbruch Gummanz – Der kleine Königsstuhl

Von Lohme bis zum Kreidemuseums Gummanz auf der Halbinsel Jasmund sind es etwa fünf Kilometer. Das Museum befindet sich in einer restaurierten Industriehalle des alten Kreidewerkes Gummanz, direkt in der Nähe eines echten Kreidebruchs. Von 1855 bis 1962 wurde hier das „weiße Gold“ abgebaut und verarbeitet. Die Ausstellung vermittelt Wissenswertes zur Geologie, über Fossilien sowie zur industriellen Nutzung der Kreide.
Auf dem Außengelände gibt es Gerätschaften aus der Vergangenheit des Kreideabbaus zu besichtigen. Über einen Pfad gelangt man schließlich auf den „Kleinen Königsstuhl“, von dem man eine herrliche Aussicht über die Boddenlandschaft hat.

In alten Gemäuern schlafen, schlemmen und genießen
Schloss Spyker

Unweit von Gummanz, in einer recht reizvollen Landschaft am großen Jasmunder Bodden in der Nähe von Sagard befindet sich das älteste Schloss der Insel Rügen. Die Anfänge des mehrfach veränderten Bauwerkes reichen bis ins 14. Jahrhundert zurück. Nach dem Dreißigjährigen Krieg wurde es für den schwedischen Reichsmarschall Generalgouverneur Carl Gustav Wrangel, der bis zu seinem Tod im Schloss lebte, zum burgartigen Herrenhaus umgebaut. Auf ihn gehen die frühbarocken, wundervollen Stuckdecken zurück, eine Arbeit der Stuckateure Antonius Lohr und Nils Eriksson.

1815, als Rügen an das Königreich Preußen fiel, ging das Schloss in den Besitz des Fürsten Wilhelm Malte I zu Putbus über, und blieb bis zur Enteignung 1945 im Besitz der Fürstenfamilie. 1965/68 wurde das Schloss restauriert und als FDGB-Ferienheim eingerichtet.

Nach der Wende ist das faszinierende Gemäuer mit den runden Ecktürmen aufwendig saniert worden. Heute ist Schloss Spyker ein renommiertes Hotel, und die Gäste genießen das bezaubernde Ambiente.

Holzofenbrot aus der Rügener Spezialitätenmanufaktur

Die kleine Manufaktur der Familie Sorge findet man auf dem familieneigenen Hof in Baldereck auf Jasmund, unweit des Schlosses und der Kreideküste. Aus Richtung Schlossallee kommend dem Straßenverlauf in Richtung L 30 folgen, nach etwa 500 m links auf die L30 abbiegen, dann nach 1,15 km rechts auf die L 303 Richtung Lohme abbiegen. Nach ca. 200 m ist die Hofeinfahrt auf der linken Seite, markiert mit einem gelben Fahrrad und zwei gelben Gummistiefeln, nicht zu übersehen.

Die Familie Sorge hat sich mit ihrer Spezialitätenmanufaktur einen Traum erfüllt, und von Anfang an war es für die Familie wichtig im Einklang mit der Natur zu leben, das heißt in unmittelbarer Umgebung vieler Tiere. In einer kleinen Räucherei werden Fisch, Fleisch und Wild verarbeitet, und fleissige Bienenvölker sorgen für eigenen Honig. Selbst handgefertigte Pralinen und Konfekt sind im Angebot, eine Vielfalt, die man kaum vermutet. Im Holzbackofen werden Brote, Kuchen und Kleingebäck gebacken, aber auch deftige Fleischgerichte kann man darin wunderbar herstellen. Eine Nudelstrecke fertigt übliche Nudelsorten, aber auch Exoten wie Lavendel- oder Thymiannudeln. Außerdem stellt Familie Sorge Fruchtaufstriche aus eigenen und wilden Früchten her. Dabei werden immer wieder neue Rezepturen ausprobiert. Dem frischen Holzofenbrot konnten wir nicht widerstehen, es entfaltet einen so verlockenden Duft, dass man am liebsten sofort in die Kruste beißen möchte.

Pfarrkirche Altenkirchen

Von Baldereck gelangt man über Glowe, die Schaabe (8 km lange Nehrung) und Juliusruh in den Ort Altenkirchen.
Der 800 Jahre alte Ort auf der Halbinsel Wittow hält eine besondere Sehenswürdigkeit bereit.
Die um 1200 im romanischen Stil aus Backstein erbaute Dorfkirche gehört zu den ältesten Backsteinbauten im Ostseeküstenraum. Besonders bemerkenswert ist das Äußere des Chors und der Apsis der dreischiffigen Hallenkirche.
Das Kreuzrippengewölbe erhielt die Basilika erst in der Spätgotik. Bei umfassenden Instandsetzungsarbeiten im Inneren der Apsis wurden 1967 ornamentale Wandmalereien aus dem frühen 13. Jahrhundert entdeckt. Am alten Kircheingang eingelassen, direkt über dem Fundamentsockel befindet sich ein Grabstein, der vermutlich einer slawischen Begräbnisstätte entstammt, der „Svantevitstein".
Unter den Bäumen, gleich neben der Kirchentür, liegt der Pfarrer und Dichter Gotthard Ludwig Theobul Kosegarten (1758 – 1818) begraben. Kosegarten erhielt nach seiner Ordinierung das Pfarramt in Altenkirchen und wirkte 16 Jahre als Pfarrer. 1798 ließ er in die Basilika von Altenkirchen eine barocke Orgel einbauen, kaum eine andere Dorfkirche an der Ostseeküste verfügte über ein Orgel. Populär wurde Kosegarten durch seine Fischerpredigten.
Kosegarten beeinflusste maßgeblich die Entwicklung Ernst Moritz Arndts, der als Hauslehrer die Gastfreundschaft des Pfarrers genoss.

Das denkmalgeschützte Fischerdorf Vitt

Das wohl schönste Wahrzeichen ist die kleine achteckige Uferkapelle am Ortseingang. Als Pastor Kosegarten nach Altenkirchen kam, vermisste er die Fischer von Vitt beim Gottesdienst in der Kirche. Während der Heringssaison war dafür eben keine Zeit. „Gott ist überall", sowohl in der ärmlichsten Fischerhütte, als auch am schroffen Ufer der Steilküste. Also ging er zu ihnen und hielt dort seine Predigten ab. Auf Anregung des Pastors wurde im Jahr 1806 die achteckige reetgedeckte Kapelle nach dem Entwurf des Baumeisters Schinkel in Vitt erbaut.
Vitt liegt unmittelbar am Kap Arkona im Norden der Insel und gehört zur Gemeinde Putgarten. Das kleine Fischerdorf mit seinen 24 Einwohnern und 13 reetgedeckten Fischerkaten wird häufig als der romantischste Ort Rügens bezeichnet. Versteckt in einer Schlucht gelegen, ist das malerische Dorf nur per Parkbahn, Pferdekutsche, Fahrrad oder zu Fuß zu erreichen. Aber der Fußmarsch lohnt sich wirklich.

Durch die schmalen Gassen des Dorfes gelangt man schnell zum „Hafen“, der aus einer kurzen Mole und einigen Fischerbooten besteht. Im kleinen Vitt betreibt heute noch eine einzige Fischerfamilie die Fischerei. Bis ins vergangene Jahrhundert befand sich hier eine historische Fischersiedlung. „Vitten“ waren Heringshandelsplätze mit Salzhäusern, daher stammt auch der Name des Dörfchens.
Hotels sucht man im verträumten Vitt vergebens, es gibt allerdings einige Ferienhäuser, Ferienwohnungen und Restaurants. Verwöhnt werden die Gäste mit regionalen Köstlichkeiten, und natürlich frischem Fisch. Gut gestärkt geht es auf Schusters Rappen zum Nordkap der Insel.

Das Nordkap Deutschlands

Das Flächendenkmal Kap Arkona ist ein 45 Meter hohes Felsplateau nahe dem nördlichsten Punkt der Insel Rügen, und zählt neben den Kreidefelsen zu den beliebtesten Ausflugszielen an der deutschen Ostseeküste. Außerdem ist das Nordkap der einzige Ort an der Ostseeküste mit drei Türmen auf einem Platz.

Zwischen 1826/1827 wurde der kleinere 19,3 m hohe backsteinerne Leuchtturm nach Plänen des Berliner Architekten Schinkel erbaut, und Anfang des 20. Jahrhunderts durch den 35 Meter hohen runden Leuchtturm ersetzt, der heute noch in Betrieb ist.

Daneben befindet sich ein ehemaliger NVA-Bunker. Im Rahmen einer Führung kann man Wissenswertes zur Militärgeschichte erfahren.

Direkt an der Kapspitze errichteten die Slawen vor mehr als tausend Jahren die Jaromarsburg und Tempelstätte für den Gott der Götter aller Slawen „Gottheit Svantevit". Aufgrund der unbändigen Kraft des Meeres sind große Teile des Kliffs und der einstigen Tempelburg in die Ostsee gestürzt.

Wenige Meter entfernt funkelt die Glaskuppel des 1927 erbauten und restaurierten ehemaligen Marinepeilturmes, in dem sich Künstler und Ausstellungen angesiedelt haben.

Neuer Leuchtturm und Schinkelturm

Steilküste am Nordkap

Unendliche Weite von Himmel und Meer

Atelier Nordstrand in Putgarten

Bevor es zurück zum Parkplatz geht, schauen wir noch bei zwei echten Rüganern vorbei, die sich im Norden der Insel ihren Traum erfüllt haben. Im Jahr 2008/2009 bauten sich Stefan Gebler, gelernter Schriftsetzer, und seine Frau Gundula mitten in Putgarten, direkt an der Hauptverkehrsstraße zum Nordkap ihr eigenes Atelier.

Stefan Gebler beschäftigt sich mit dem Buchdruck, der Buchbinderei und der Papierherstellung. Außerdem gilt seine Liebe der Malerei und Grafik. Neben dem handgeschöpften Papier wird im Atelier alles verarbeitet, was der Strand hergibt. Treibholz, Bernstein, Feuerstein oder Algen finden sich auf dem Papier, in Holzarbeiten oder im Strandholz/Bernsteinschmuck wieder.

Wie ein kleines Museum erscheint die Buchdruckerei im Atelier Nordstrand. Und doch ist sie ein permanent genutzter Produktionsbereich, in dem die Geblers als Team ständig an neuen Projekten arbeiten, und dabei versteht es sich ganz von selbst, dass sie dem Thema „Papier“ treu bleiben.

Helene-Weigel-Haus
Café und Kultur in Putgarten

Das etwa 200 Jahre alte Bauernhaus in Putgarten wurde Mitte der 50er Jahre von der großen Schauspielerin und Theaterleiterin Helene Weigel für sich und ihren Ehemann Bertolt Brecht als Feriendomizil gekauft.
Nach dem Vermächtnis der Helene Weigel diente das denkmalgeschützte Haus noch einige Jahre nach der Wende den Berliner Ensemble-Mitgliedern und ihren Familien als Ferienunterkunft.
Im Frühjahr 2005 erwarb das Berliner Architektenehepaar Zecher das Helene-Weigel-Haus, nach zunehmenden Verfall. Viel Herzblut, Zeit und Geld haben sie in das Haus gesteckt.
Dabei führen die Eigentümer den Gedanken von Helene Weigel fort: Auch künftig können Ensemble-Mitglieder hier in der Ferienwohnung im Dachgeschoss ihre Theaterferien verbringen.
Eine kleine Fotoausstellung erinnert an das Leben und die Schauspielkunst der großen Helene Weigel.
Das alte Bauernhaus ist seit dem 12. Mai 2007 für das Publikum geöffnet und lädt zum Verweilen bei Kaffee und Kuchen ein. Der selbstgebackene, noch warme Streuselkuchen ist eine absoluter Traum.
Von Mai bis Oktober finden gelegentlich Lesungen und Liederabende statt. Das Café bietet Sitzplätze im gemütlichen Inneren (an den alten Tischen der legendären BE-Kantine) des Hauses. Der große Garten hinter dem Reetdachhaus bietet Ruhe und Entspannung in einer ganz besonderen Atmosphäre. Dieser Ort ist ein echter Geheimtipp!!!

Dranske auf der Halbinsel Wittow

Diesmal haben wir uns für ein Urlaubsabenteuer mit dem Caravan entschieden. Die Auswahl des Stellplatzes ist uns relativ leicht gefallen. Ich wollte unbedingt die wundervollen Sonnenuntergänge, die man vom Caravancamp „Ostseeblick“ im Norden der Halbinsel Wittow hat, unmittelbar am Naturstrand erleben. Eine wunderschöne Anlage mit 90 bis 100 Quadratmeter großen Rasenstellplätzen für 60 Wohnmobile, mit herrlichem Blick auf die Ostsee. Das ehemalige Fischerdorf Dranske liegt auf der Halbinsel Wittow im Nordwesten der Insel Rügen. Von ca. 1917 bis 1991 war Dranske ein Ort, der hauptsächlich durch militärische Nutzung geprägt war. Der ruhige Ort verfügt nicht nur über einen Ostseestrand, sondern auch über Boddenküste. Dieses herrliche Stück Landschaft lockt Naturfreunde mit langen einsamen Stränden, an denen es sich erholsam spazieren lässt. So hat man zwischen Dranske und dem Bug einen herrlichen Blick über Hiddensee, wenn die Sonne über der Insel untergeht. Der südlichste Teil des Bug gehört zum Nationalpark Vorpommersche Boddenlandschaft. Weil der Bug lange Zeit militärisches Sperrgebiet war, konnte sich die Natur hier ungestört entfalten. Im Rahmen einer geführten Wanderung ist es möglich, diesen Teil der Halbinsel zu besuchen.

Zitrone des Nordens – Sanddorn

Seit vielen Jahrzehnten ist der Sanddorn als Küstengewächs in Mecklenburg-Vorpommern und insbesondere auf Rügen beheimatet. Wurde er früher als Obstart nur von wenigen Kennern zur Ernährung genutzt, wird heute der Strauch in Plantagen kultiviert und erfreut sich immer größerer Beliebtheit.

Sanddorn ist ein wahrer Lebenskünstler, selbst auf kargen aber sonnigen Böden zaubert das Naturprodukt nach sechs bis acht Jahren leuchtend orangefarbene Beeren, die im Herbst geerntet werden.

Ein wahrer Schatz, und nicht ohne Grund wird die Vitaminbombe „Zitrone des Nordens" genannt. Der Vitamin-C-Gehalt ist je nach Sorte bis ums Zehnfache höher als der einer Zitrusfrucht.

Sanddornprodukte findet man in vielen Varianten, beispielsweise als Saft, Marmelade, Kuchen, Tee, Bonbons, Likör, Edelbrand und vieles mehr. Erhältlich sind Sanddornerzeugnisse in jedem größeren Ort oder auf dem Rügen-Markt in Thiessow.

Historisches Handwerkerdorf Gingst

Mit der Wittower Fähre, sie verbindet die Halbinsel Wittow mit dem ruhigen nordwestlichen Teil der Insel, geht es über das engste Fahrwasser zwischen Rassower Strom und Breetzer Bodden weiter nach Gingst, fernab der lebhaften und bekannten Ostseebäder. Das Angerdorf, 1232 erstmals urkundlich erwähnt, trug sogar einmal Stadtrecht. Bis ins 17. Jahrhundert war Gingst ein bedeutendes Handwerkerzentrum. Hier lohnt sich vor allem ein Besuch des Museumskomplexes. Die Handwerkerstuben, zwei reetgedeckte Fachwerkhäuser aus dem 17. Jahrhundert, präsentieren zahlreiche Handwerke: von den Töpfern oder Salzwerkern bis hin zu den Zünften der Schuhmacher, Weber und Schneider.
Nach dem Rundgang lädt das Museumscafé zu Kaffee und frischem selbstgebackenen Kuchen ein. Eine weitere bedeutende Sehenswürdigkeit des Ortes ist die St. Jakobi Kirche in Gingst, mit der spätbarocken Orgel von 1790, Meisterstück von Ch. Kindt aus Stralsund. Die Kirche zählt zu den ältesten einschiffigen sakralen Gebäuden der Insel. Um 1300 erbaut und durch Brände geschädigt, glänzt sie seit 1726 mit einer auffälligen Haube.

St. Marien zu Waase

Oase im Westen der Insel Rügen

Ummanz ist ein 19,7 Quadratkilometer großes Fleckchen Erde im Westen der Insel Rügen, das kaum jemand kennt. Man erreicht die Insel seit 1901 über eine 250 m lange Brücke, die den Ort Waase mit Rügen verbindet. Der Focker Strom mit seinen Fischerboten verbreitet eine romantische Stimmung.

Auf der fünftgrößten Insel, geht es fernab des Trubels noch ruhig und beschaulich zu. Natur pur und ländlicher Charme ziehen immer mehr Besucher in den Bann. Umgeben von den Boddengewässern Rügens besteht Ummanz zum größten Teil aus Weiden, Wiesen und Äckern. An der Westseite der Insel befindet sich ein beliebtes Surfrevier.

Zweimal im Jahr legen Heerscharen von Kranichen auf dem international bekannten Rastplatz einen Zwischenstopp ein. Neben den Vögeln prägen seit Jahrzehnten Haflinger das Bild der Insel. Der Rüganer Norbert Briesemeier, Urgestein der Insel, baute weit vor der Wende die Zucht der hellbraunen Pferde im nördlichsten Teil Deutschlands auf, die heute wieder unter seiner Regie geführt wird.

Den Besuch der gotischen Backsteinkirche (15. Jahrhundert) in Waase, die zu den Sehenswürdigkeiten auf Ummanz zählt, sollte man unbedingt einplanen. Der spätgotische große Spitzaltar - ein Juwel, um 1520 in Antwerpen geschaffen - gehört zu den kostbaren Ausstellungsstücken der Insel.

Genuss in der Tasse
Kaffeerösterei Ummanz

In der ehemaligen Pfarrscheune in Waase befindet sich heute die Rügener Rösterei „OstseeKaffee“ von Alik Kunze. Schon von weitem steigt einem der frische Kaffeeduft der kleinen Privatrösterei in die Nase.
Alik Kunze, der die Kaffeerösterei sich selbst aneignete, weiter entwickelte und jahrelang als Hobby betrieb, hat heute aus dieser Leidenschaft einen Beruf gemacht. Längst ist der frisch geröstete Kaffee aus seiner Rösterei der Inbegriff des guten Geschmacks.
Neben den verschiedenen Kaffeebohnen werden auch Nüsse geröstet. Eine der vielen leckeren Kaffeesorten ist die „Rügener Mischung kräftig“, für die ich mich entschieden habe und dazu ein Stück Kuchen aus der hauseigenen Konditorei. Einfach herrlich! Das tolle Ambiente, der freundliche Service und die Showrösterei lassen den Besuch zum Erlebnis werden.
In Binz betreibt die Rügener Rösterei noch ein kleines Café an der Standpromenade und von Mai bis Oktober steht das „Kaffeemobil“ dienstags und freitags auf dem Rügen-Markt in Thiessow.

Ostsee Kaffee
Rügener Kaffeerösterei

Störtebeker
Hofladen · Restaurant & Café
Erlebnis-Bauernhof Kliewe
Frisches Schlachtgeflügel
Geflügelspezialitäten
Jetzt täglich frischer Entenbraten im Hof-Restaurant
Einkaufen auf dem Bauernhof

Kulinarische Spezialitäten in ländlicher Atmosphäre

Der Erlebnis-Bauernhof Kliewe im OT Mursewiek hat sich zu einem beliebten Ausflugsziel inmitten des Nationalparks „Vorpommersche Boddenlandschaft“ entwickelt.
1991 gründeten Susanne und Holger Kliewe den Geflügelhof Kliewe erneut, nachdem schon mehrere Generationen zuvor auf dem Bauernhof Geflügelzucht betrieben hatten.
Eine besondere Spezialität ist die Pommerngänsezucht. Auf den angrenzenden Wiesen werden die Enten und Gänse artgerecht gehalten und einen Sommer lang bestens versorgt, bis sie in der Hofschlachterei in traditioneller Handarbeit geschlachtet werden.
Im Hofladen der Familie Kliewe bekommt man Frischgeflügel, Geflügelspezialitäten aus eigener Herstellung, regionale Produkte und vieles mehr.
Empfehlenswert ist saisonal der hausgemachte Gänsebraten im gemütlichen Hof-Restaurant (Tipp von Heike Götz).
Die Gelegenheit, den Festtagsbraten vor Ort zu genießen, haben wir leider verpasst, dafür gibt es den traditionellen Weihnachtsbraten für Zuhause frisch aus dem Hofladen.

1ste Edeldestillerie Rügen
Obstbrände in bester Qualität

Von Mursewiek machen wir einen Abstecher auf die Halbinsel Lieschow. Die Destillerie findet man in einer sanierten, historischen Scheune, die sich auf einem unter Denkmalschutz stehenden Bauerngehöft befindet.
Aus Rügens ältesten regional beheimateten Obstsorten, die sich auf einer ca. 4,5 ha großen Bio-Anbaufläche unmittelbar um die Destillerie befinden, entstehen hier edelste Brände und Liköre.

Genuss für höchste Ansprüche und konsequente Qualität garantieren Maren und Rainer Hessenius, mit ihrem Engagement als Brennmeister und Inhaber der 1ste Edeldestillerie Rügen.
Herzstück der Destillerie ist das Brenngerät. Für die einzigartigen Edelbrände wird ausschließlich vollreifes, handsortiertes und sortenreines Obst verwendet. Die Zukäufe liefert das „Obstparadies Altkamp“. Die Liköre werden mit eigenen Destillaten und natürlichen Zutaten hergestellt.
Die Brände bestechen durch Perfektion und Liebe zum Detail, echte Kenner wissen diese Sorgfalt zu schätzen. Warum nicht einmal „den Hochprozentigen“ von der Insel mit nach Hause nehmen?

Kleine Kirche

Der kleine Hafenort Ralswiek

Unser heutiges Reiseziel liegt abseits der Bundesstraße, direkt am Großen Jasmunder Bodden, eingebettet in dichte Wälder und herrliche Parkanlagen. Noch bevor man Ralswiek erreicht, trifft man am Waldrand auf die frisch restaurierte so genannte „Schwedenkirche“, eine kleine hölzerne Kapelle.

Sie stellt in ihrer Art eine architektonische Besonderheit auf Rügen dar. Die kleine Kapelle wurde im Auftrag von Graf Douglas 1907 in Schweden gefertigt und noch im gleichen Jahr für die Gutsgemeinde Ralswiek aufgebaut. Zeitweise finden hier Orgelkonzerte statt.

Das mehr als eintausend Jahre alte kleine Ralswiek war im frühen Mittelalter ein bedeutender Seehandelsplatz und wirtschaftliches Zentrum der Insel Rügen. Archäologische Funde belegen den Fernhandel ins nördliche Skandinavien und zu den arabischen Ländern.

Heute wird der kleine Hafen von Seglern gern als Ankerplatz genutzt. Kein Name ist so eng mit der Insel Rügen verbunden wie der des Klaus Störtebeker - Robin Hood der Meere. Jedes Jahr von Juni bis September erwacht das Dörfchen Ralswiek und wird zur Spielstätte der berühmten Störtebeker-Festspiele.

Eingebettet in eine herrliche Parkanlage befindet sich das von Graf Douglas erbaute Schloss, welches im Stil der Loire-Schlösser errichtet wurde.

Für Naturliebhaber ist ein Spaziergang im riesigen Landschaftspark, mit einer Auswahl dendrologischer (gehölzkundlicher) Seltenheiten, zu jeder Jahreszeit ein Erlebnis. Dem Wegweiser Richtung Schloss folgend beginnen wir unseren Rundgang.

Beeindruckende Architektur

Schloss Ralswiek

Auf einer kleinen Anhöhe über Ralswiek thront das von Hugo Sholto Oskar Graf von Douglas erbaute Schloss im Neorenaissancestil. Douglas, der einem alten schottischen Adelsgeschlecht entstammte, ließ das Schloss 1893/94 für sich und seine Familie errichten, nachdem er aus religiösen Gründen seine Heimat verlassen hatte. Zunächst in Aschersleben ansässig, ist er als Betreiber eines Kaliwerkes schnell zu Geld gekommen und konnte sich dadurch seinen Lebenstraum vom „hohen Schloss am Meer" erfüllen. Nach dem zweiten Weltkrieg und der Enteignung der Familie wurde das Schloss seit 1946 als Feierabend- und Pflegeheim genutzt.

1999 wurde mit dem Umbau des heruntergekommenen Schlosses begonnen. Seit 2002 ist das detailgetreu und liebevoll restaurierte Anwesen ein First-Class-Hotel.

Vom Schlossinnenhof gelangt man über eine Freitreppe in den marmorierten Eingangsbereich. Die weitgehend erhaltene Inneneinrichtung wurde teilweise vom bedeutenden Künstler des Jugendstils, Maler und Baumeister Henry van de Velde entworfen.

Blickfang sind der große Kamin und die holzvertäfelten Wände mit vergoldeten Ornamenten. Von der großen Sonnenterrasse eröffnet sich ein wundervoller Blick auf den Jasmunder Bodden und die größte Freilichtbühne Europas.

Bergen – im Herzen der Insel

Von Ralswiek fahren wir direkt ins Inselzentrum. Unser Reiseziel ist Bergen, eine Stadt, die mittlerweile auf eine über tausendjährige Geschichte, Stadtrecht 1613, zurückblickt.
Das ursprüngliche Bild des Ortes ist aufgrund der Stadtbrände im 17. Jahrhundert völlig verändert. Ein besonders wertvolles Baudenkmal ist die Marienkirche südlich des Marktplatzes. Kurz nach dem Fall der Jaromarsburg wurde um 1180 mit dem Bau des Gotteshauses als Herrschaftskirche unter dem Rügenfürsten Jaromar I. begonnen. Bis ins 15. Jahrhundert bestimmte das Nonnenkloster das Leben in Bergen. St. Marien ist eine der bedeutendsten Backsteinkirchen im norddeutschen Raum und das älteste erhaltene Gebäude Rügens.
Sonderbar ist das Ergebnis nach der Wiederherstellung des Ziffernblattes zu DDR-Zeiten. Auf der Nordseite des Kirchturms zeigt es 61 Minuten-Striche an.
In Bergen leben heute etwa 14.000 Einwohner. Beim Bummel durch die Altstadt und die Klostergasse lässt sich die Zeit schnell mal vergessen. Im Zentrum Bergens steht das älteste Fachwerkhaus Rügens.
Sehenswert ist auch der Aussichtspunkt Bergens, der 27 m hohe Turm, den man zur Erinnerung an den Patrioten Ernst Moritz Arndt in den ehemaligen Wallanlagen auf dem Rugard errichtet hat. Vom Turm aus kann man weite Teile Rügens überblicken.

St. Marien

Ernst-Moritz-Arndt-Turm

Eine besonders nette Begegnung auf Rügens kleiner Nachbarinsel während der letzten Reise

Es ist Anfang Dezember, kalt und ungemütlich, aber was macht das schon? Also rein in die Winterjacke und raus in die Natur. Nachdem uns der Ostseewind so richtig durchgepustet hat, freuen wir uns auf einen heißen OstseeKaffee und ein Stück selbstgebackenen Kuchen.
Auf dem Weg zur Kaffeerösterei Ummanz entdecken wir ein Kamerateam vom NDR. Was gibt es denn hier zu sehen? Wenig später kommen uns vier Haflinger, inklusive Weihnachtsmann/frau, und eine Kutsche entgegen, die wenige Meter neben uns hält.
Der Kutsche entsteigt eine nette, sympathische und liebenswerte Moderatorin des NDR Fernsehen - Heike Götz. Trotz der Sendeaufnahmen zur Landpartie „Weihnachtszeit auf Rügen“ hat sie sich die Zeit für ein kurze Plauderei genommen.
Gedreht wurde ein ganz besonderer Weihnachtsbrauch, der für die Ummanzer seit den 70er Jahren zur liebenswerten Tradition geworden ist.
Jedes Jahr wird jedem Rentner vom Weihnachtsmann persönlich oder von seinen Helfern ein kleines Geschenk gebracht. Deshalb wurde die diesjährige Weihnachtssendung der Landpartie auf Rügen gedreht, das hat mir Heike Götz verraten. Für mich ein wunderbares Erlebnis, die Moderatorin der Landpartie - eine meiner Lieblingssendungen - persönlich kennen zu lernen.

Weihnachtstradition – Ummanz, Haflinger und der Weihnachtsmann,
drei die zusammen gehören

Bevor es voller Eindrücke wieder Richtung Heimat geht, zieht es uns noch einmal an den Strand. Die aufgehende Sonne über dem Oseebad Göhren ist Anfang Dezember ganz besonders reizvoll, ... wie gern würde ich jetzt hier bleiben.

Rügen – ein Juwel zwischen Bodden und Meer, schöner kann man sich eine Insel nicht vorstellen.

Danke

Ich danke meinem lieben Mann Jürgen, der mich auf allen Touren unterstützt hat und mir während der Arbeit an diesem Buch den Rücken freihielt.
Vielen Dank der Busse Verlags GmbH für die Möglichkeit, das Buch zu veröffentlichen, und ein herzliches Dankeschön an Frau Herbst für die wunderbare Zusammenarbeit.
Ein Dankeschön an alle Künstler und Gastronomen für ihr Vertrauen und die Möglichkeit, ihre Wirkungsstätten bzw. Ateliers fotografieren zu dürfen .
Ich danke der wunderbaren Landpartie-Moderatorin Heike Götz für die Erlaubnis, diese Aufnahmen der Öffentlichkeit zu präsentieren.

Adressen:

RESTAURANTS & CAFÉS

Gasthaus Kliesows Reuse
Dorfstraße 23a
18586 Alt Reddevitz
Telefon (038308) 21 71
Fax (038308) 25 527
E-Mail gasthaus@kliesows-reuse.de
März -November
11:00 – 21:00 Uhr
Dienstag Ruhetag

Helene-Weigel-Haus
CAFÉ & KULTUR
Dorfstraße 16
18556 Putgarten/ Rügen
Telefon (038391) 43 10 07
E-Mail : info@weigelhaus.de
täglich von 13:00-18:00 Uhr

Hotel Strandallee
Strandstraße 18
18586 Ostseebad Baabe
Telefon (038303) 14 40
Fax (038303) 14 419
E-Mail ferien@strandallee.de
Restaurant:
März – Oktober
täglich ab 12:00 Uhr

OstseeKaffee -
Rügener Kaffeerösterei UG
Alik Kunze
Am Focker Strom 2
18569 Waase auf Ummanz
Telefon (038305) 53 58 35
Fax (038305) 53 58 36
E-Mail info@ostseekaffee.de
täglich 11.00 - 17.00 Uhr

Café im Ostseebad Binz
Strandpromenade 37
18609 Ostseebad Binz
täglich 11.00 - 17.00 Uhr

KAFFEEMOBIL
Rügen-Markt in Thiessow
dienstags und freitags
10.00 Uhr - 17.00 Uhr

Restaurant Am Wasser GmbH i.G.
Alt Reddevitz 25
18586 Middelhagen
Telefon (038303) 97 884
Fax (038303) 12 529
E-Mail info@restaurant-am-wasser.de
täglich ab 12.00 Uhr geöffnet
(Nebensaison Montag Ruhetag)

Selliner Kleinbahnhof
Inh. Janine Bachmann und Jirka Tröger
An der B196 3
18586 Sellin, Ostseebad
Telefon (038303) 87 971
Fax (038303) 87 972
Saison : Mo - So: 11:30 – 21:00 Uhr

Restaurant Strandhalle Binz
Strandpromenade 5
18609 Ostseebad Binz
Telefon (038393) 31 564
täglich ab 12.00 Uhr geöffnet

Seebrücke Sellin
Seebrücke 1
18586 Sellin
Telefon (038303) 92 96 00
Fax (038303) 92 96 99
E-Mail info@seebrueckesellin.de
Mi-Do: 12:00 - 16:00 Uhr
Fr-Sa: 12:00 - 20:00 Uhr
So: 12:00 - 16:00 Uhr

KUNSTHANDWERK

Tonicum KERAMIK
Annette Pomp und Lydia Budnick
Margaretenstraße 20
18609 Ostseebad Binz
Telefon (038393) 43 63 12
E-Mail kontakt@tonicum-keramik.de
Mo – Sa 10:00 -18:00 Uhr

Atelier Nordstrand
Kunsthandwerk, Papierwerkstatt,
Historischer Buchdruck
Inh.: Stefan Gebler
Dorfstraße 2
18556 Putgarten
Telefon (038391) 76 99 19
Fax (038391) 76 99 20
Mail info@atelier-nordstrand.de
10 - 19 Uhr (April - Oktober)
oder: „immer, wenn Licht brennt"

Mönchgut Keramik
Töpferei & Galerie
Thom Wilcke,
Dorfstraße 18b
18586 Middelhagen
Telefon (038308) 25 227

BRENNEREIEN & HOFLÄDEN

Mönchguter Hofbrennerei
„Zur Strandburg"
Alt Reddevitz Nr. 36 (Hövt)
18586 Middelhagen
Telefon (038308) 34 105
Fax (038308) 34 106
Mobil (0160) 6602921
E-Mail
post@hofbrennerei-strandburg.de
April bis Oktober 10.00 - 18.00 Uhr
November bis März 11.00 - 16.00 Uhr
mittwochs Brennereiführung
April - Oktober 16.00 Uhr
November - März 15.00 Uhr

1te EDELDESTILLERIE auf RÜGEN GmbH
Lieschow 17
D-18569 Ummanz
Telefon (038305) 55 300
Telefax (038305) 55 297
E:Mail info@1ste-edeldestillerie.de
April bis Oktober - Montag bis Samstag
10.00-18.00 Uhr,
November bis März - Montag bis Freitag
10.00-16.00 Uhr

Rügener Spezialitätenmanufaktur
Baldereck bei Glowe
Ansprechpartner: Familie Sorge
18551 Baldereck (bei Glowe)
Telefon (038302) 53 448
E-Mail altglowe@t-online.de

Erlebnis-Bauernhof Kliewe
Mursewiek 1
18569 Ummanz / Rügen
Telefon (038305) 81 30
E-Mail Bauernhof- Kliewe@t-online.de
täglich 09:00 bis 22:00 Uhr